AUX MÂNES

DES

NEUF VICTIMES D'ORLÉANS.

CHANTS FUNÈBRES

EXÉCUTÉS, pour la première fois, sur le Théâtre d'Orléans, le 29 Prairial, an IIIe. de la République française, & suivis de notes historiques.

Musique de M. BROCHIEZ.

Placantur carmine manes. HORACE.

PRIX : trois livres.

A ORLÉANS,

Chez DARNAULT-MAURANT, Imprimeur, rue de la Vieille-Monnoie, n°. 11.

An IIIe. de la République française.

AVANT-PROPOS.

L'ASSASSINAT juridique des neuf citoyens d'Orléans fit jetter, il y a deux ans, à la france entière un cri d'horreur & d'indignation que comprimèrent bientôt les proscriptions naissantes. C'est sur eux que l'atroce *Fouquier-Tinville* essaya ses forces : la stupeur avec laquelle le peuple de Paris laissa s'exécuter sous ses yeux une catastrophe aussi sanglante, donna dès-lors à ce tigre la mesure de son audace & de ses forfaits. Il fit mieux : en politique habile , il conçut que l'effervescence de la pitié décroîtroit en raison des progrès multipliés du meurtre , & ses calculs affreux ne le trompèrent point. En effet , dès que la mort eût indistinctement plané sur toutes les têtes, ses coups cessèrent d'être comptés ; l'image de la destruction devint froide & familière , & l'observateur s'accoutuma bientôt à ne considirer en elle que la répétition d'une scène tragique que lui-même devoit jouer le lendemain.

AINSI s'abymèrent tout-à-coup, par leur propre poids, dans le gouffre du Léthé, des milliers d'intéressantes victimes, dont chacune peut-être, isolément immolée en des tems ordinaires, eût fourni des pages à l'histoire & des souvenirs à la postérité.

CEPENDANT au milieu de ce vaste oubli des hommes & des choses, quelques impressions frappantes ont constamment surnagé dans la mémoire des français : les premières gouttes du sang innocent, versé depuis à grands flots, ont été précieusement récueillies par l'humanité gémissante, & des rives de la Meuse à celles de la Durance, les ombres errantes des infortunés Orléanais trouvent encore des échos qui répètent leurs accens plaintifs & douloureux.

BORDS solitaires du *Loiret*, sites enchanteurs que nos amis égorgés se plaisoient à parcourir, c'est à vous sur-tout à retentir long-tems de romances funèbres. Toutes vos grottes demandent des inscriptions mélancoliques; tous vos peupliers, des urnes cinéraires.

QUOI! ne se trouvera-t-il pas quelque artiste savant qui saisisse, d'une main hardie, le ciseau de Pigal pour ériger, sur le sommet de cette colline, un mausolée au malheur? Quel habile architecte ordonnera pour lui, dans ce sombre enfoncement, un obélisque majestueux? J'appelle envain; tout se tait autour de moi, les arts anéantis ou dispersés ne savent plus donner à l'imagination le sentiment, la couleur & la vie : tout est glacé; tout est mort.

AH! puisqu'il en est ainsi, mânes chers & sacrés, pardonnez si ma foible main ose, au pied de cet humble côteau, vous conftruire un tombeau fimple & modefte, le parer de guirlandes de fleurs & y graver quelques vers. Ombres juftement courroucées, laiffez - vous appaifer aux accens de ma mufe novice : elle n'a jamais proftitué fon encens fur l'autel enfanglanté des idoles révolutionnaires.

Mais il me femble entendre déjà l'un de ces êtres glacés qui, concentrés dans leur infouciance indolente, redoutent jufqu'à l'ombre d'une émotion vive & trouvent très commode d'exagérer la fenfibilité pour déguifer mieux la féchereffe de leur cœur. *A quoi bon, dira-t-il, rappeller des événemens malheureux & réveiller des douleurs dont il vaut mieux écarter le fouvenir amer & déchirant?* Miférable fophifme, à la faveur duquel l'égoïfte fe difpenfe d'acquitter la dette facrée du fentiment! Ceux qui ofent tenir un femblable langage n'efpèrent donc pas qu'après leur mort il fe trouve un parent, un ami qui reffente un plaifir mélancolique à pleurer fur leur cendre ? Que je les plains ! car pour un cœur fenfible, après le bonheur d'être aimé pendant qu'il refpire, il n'eft pas de bien plus flatteur que l'efpoir d'être regretté lorfqu'il ne fera plus.

C'est ainfi qu'a penfé l'un de nos poëtes les plus aimables, l'un des plus fidèles obfervateurs de la naure & de fes effets, l'abbé Delille, lorfqu'il a placé dans fon poëme des jardins, ces vers d'une philofophie douce & touchante,

Ne craignez point d'offrir des urnes, des tombeaux,
D'offrir de vos douleurs le monument fidèle ;
Eh ! qui n'a pas pleuré quelque perte cruelle ?

Au furplus, c'eft un des effets de l'horrible dépravation des mœurs d'avoir anéanti ce refpect religieux des morts, ces hommages funéraires dont l'antiquité nous offre des monumens non moins auguftes que multipliés & qui fe retrouvent encore aujourd'hui chez les peuples rapprochés de la nature.

a iv

M a i s pourquoi m'épuifer en efforts fuperflus pour parler à des mortels infenfibles un langage qu'ils ne font pas faits pour entendre ?

Barbarus hic ego fum , quià non intelligor illis.

J e crois devoir , en finiffant , dire un mot fur la nature de cet ouvrage. C'eft une forte de *Mélodrame* & ce genre eft le feul qui m'ait paru convenir au fujet, pour tempérer , par des fenfations douces, les impreffions trop déchirantes qu'il m'a fallu jeter quelque fois dans l'ame du fpectateur. Du refte, on conçoit d'avance que l'action n'a pû être placée autrement qu'en récit : toute autre manière de la traiter n'eût pas été fupportable à raifon des tems & des lieux. Heureux fi j'ai réuffi quelquefois à furmonter les difficultés innombrables qu'un genre auffi ingrat préfente, & fi j'ai lutté fur-tout avec quelque fuccès contre la froideur & l'aridité qui le caractérifent !

CHANTS FUNÈBRES

AUX MÂNES

DES

NEUF VICTIMES D'ORLÉANS.

LE Théâtre repréſente un payſage ſur les bords du Loiret ; dans l'enfoncement, une colline & la ville d'Orléans en perſpective : à droite, vers le milieu de la ſcène, ſont plantés neuf cyprès & des touffes de roſiers fleuris, au milieu deſquels s'élève un monument en marbre noir, préparé pour recevoir une urne cinéraire & ſur lequel ſont gravés en lettres d'or les noms ſuivans :

BENOIST-COUET.

BUISSOT.

GELLET.

PHILIPPES-NONNEVILLE.

J A C Q U E T.

T A S S I N - M O N C O U R T.

Q U E S N E L.

P O U S S O T.

B R O U E - D E L A S A L L E.

Plus bas on lit cette inscription :

ILS ONT PÉRI SOUS LES COUPS DES MÉCHANS.

Au lever du rideau, l'Orchestre exécute une marche lugubre, dont les sons, d'abord très-sourds, s'éclaircissent par dégrés. Enfin on voit paroître, du haut de la colline, un grand concours de peuple venant du côté de la ville, & au milieu duquel est un grouppe de vieillards dont l'un porte une urne cinéraire. Le cortége arrive au lieu de la scène. Des chœurs de jeunes-gens, d'enfans & de femmes tenant dans leurs mains des guirlandes de fleurs, se rangent autour du monument.

C H Œ U R.

Ils ont péri sour les coups des méchans ;
Pleurons le destin de nos frères.

LE VIEILLARD *posant l'urne sur le tombeau.*

Le fer les moissonna dans la fleur de leurs ans ;
Ils devoient fermer nos paupières ;

La mort, pour les frapper, a dévancé le temps
Qui la dirigeoit fur leurs pères :
Pleurons le fort de nos enfans.

CHŒUR.

Pleurons le { Sort de nos enfans,
Deftin de nos frères.

UN JEUNE-HOMME. (*)

(De notre amour précieux monumens
Elevez, noirs cyprès, vos rameaux funéraires ;
Soyez triftes comme nos chants ;
Que vos balancemens
Semblent dire avec nous dans ces lieux folitaires :
Ils ont péri fous les coups des méchans.

CHŒUR.

Ils ont péri fous les coups des méchans ;

Pleurons le { Sort de nos enfans,
Deftin de nos frères.

UNE FEMME.

Donnez des fleurs, des guirlandes légéres ;
Décorons par nos foins touchants
La pierre où le burin grava ces caractères :
Ils ont péri fous les coups des méchans.

(*). Plufieurs morceaux, foit de déclamation, foit de
chant qu'on a cru devoir fupprimer à la repréfentation,
pour éviter d'en rallentir la marche, ont été rétablis ici : ils
font indiqués par deux parenthèfes.

C H Œ U R.

Décorons par nos soins touchans
La pierre où le burin grava ces caractères : ·
Ils ont péri sous les coups des méchans.)

Le peuple dépose ses guirlandes sur le
monument.

U n   V i e i l l a r d.

R e c i t a t i f.

Ciel ! à pas égarés qui vois-je errer ici ?
C'est lui-même . . . C'est Erisandre ;
Son maintien douloureux décèle un cœur bien tendre ;
Il aimoit tant son malheureux ami !
Sans-doute il vient pleurer avec nous sur sa cendre.

E r i s a n d r e *paroît dans l'enfoncement : sa*
démarche est tantôt lente, tantôt précipitée ;
il conserve l'attitude d'une profonde douleur
& arrive enfin sur la scène.

E r i s a n d r e.

Femmes, vieillards, enfans, qu'un soin religieux
Loin de tout œil profane a conduits en ces lieux,
Souffrez que sur vos cœurs l'amitié gémissante
Repose, en soupirant, sa tête languissante,
Et qu'au sein des tombeaux, ses lugubres discours
De vos chants de douleur interrompent le cours.

Il s'approche du tombeau.

Et toi, d'un ami tendre ombre chère & plaintive,
Toi que fous ces cyprès je crois voir fugitive,
Si la voix des humains peut percer jufqu'à toi,
Fixe tes pas errans ; je t'appelle... Entend--moi :
Mon ame, en deux moitiés, par ta mort divifée,
Afpire à s'envoler au paifible Elifée ;
Je t'y retrouverai... Rien ne rompra nos nœuds.

U n V i e i l l a r d.

Appaife, ô mon cher fils, ces tranfports douloureux ;
Va, ces mânes, crois-moi, veulent un autre hommage ;
Faut-il que la vieilleffe éveille ton courage ?
Sous le poids des fléaux ton pays abattu
Ne peut fe relever qu'à force de vertu :
Conferve pour lui feul ton trépas & ta vie.
Du fein de fon tombeau ton ami t'en convie :
Veux-tu calmer tes maux, adoucir nos douleurs ?
De nos fils immolés redis-nous les malheurs.
Ta fidelle amitié, de ce fait mémorable
Suivit jufqu'à la fin le tiffu déplorable.

E r i s a n d r e.

Bon vieillard, eh ! comment retracer tant d'horreurs ?
Ah ! du moins fi ma voix peut émouvoir vos cœurs,
Qu'elle y porte ces feux d'un courroux légitime,
Cette indignation qui fait pâlir le crime.

*Il fe place fur l'avant - fcène & le peuple fe
range en foule autour de lui.*

ORLÉANS, pure encore, étrangère aux excès,
Goûtoit la liberté, la concorde, la paix.

De ſes heureux enfans la fertile induſtrie
Quand d'autres l'étouffoient, ranimoit la patrie. .
Ce bonheur dura peu : jaloux de ſon repos,
Bourdon, pour le détruire, inſtruiſit ſes bourreaux. (1)
Mais leurs ſuccès trop lents ſecondent mal ſa rage,
Il accourt & lui-même achève ſon ouvrage ;
Il vole à la tribune où ſa coupable voix
Erige la licence & la terreur en lois : .
Là, ſans pudeur au peuple indiquant ſes victimes,
Il ſouffle dans ſon ſein la diſcorde & les crimes.

Il ſort & ſur ſes pas ſes Agens forcenés (2)
Par l'ivreſſe & la rage à la fois entraînés,
Dans leur affreux délire agités des furies,
Font retentir les airs de leurs accens impies.
Ils fondent ſur la garde ; on ſe preſſe à ce bruit;
Les cris, l'étonnement, les ombres de la nuit,
Tout portoit au déſordre : un coup involontaire
Part & frappe Bourdon d'une atteinte légère.
L'art vole à ſon ſecours : mais déjà dans les cœurs
L'effroi ſemble annoncer les plus cruels malheurs.
Trop ſûrs preſſentimens ! Bientôt treize victimes
Ont peuplé des cachots les ténébreux abymes ;
Et d'autres par la ſuite échappant aux bourreaux
D'un exil de deux ans vont dévorer les maux. (3)

Dirai-je vos tourmens, Magiſtrats populaires, (4)
Qui, de Bourdon bleſſé protecteurs tutélaires,
Avez, par un cruel & perfide retour,
Sous ſes coups redoublés failli perdre le jour ?
Hélas ! il eſt paſſé, ce moment trop funeſte ;
Dans vos revers du moins l'exiſtence vous reſte ;
Mais nos ſtériles pleurs ne réchaufferont pas
La cendre des martys qu'a frappé le trépas.

C H Œ U R.

Ils ont péri sous les coups des méchans ;
Ils ont livré leur tête aux bourreaux sanguinaires,

Pleurons le $\begin{cases} \text{Destin de nos frères,} \\ \text{Sort de nos enfans.} \end{cases}$

E R I S A N D R E *continue.*

Les treize infortunés que poursuit la vengeance
A des juges vendus sont livrés sans défense.
(O généreux DUFRICHE, il en est tems, accours ; (5)
L'innocence en péril t'appelle à son secours.
Tu viens, tu fais tonner ta voix incorruptible,
Et tous les cœurs bientôt, par un charme invincible,
Vers la cause du juste avec force entraînés
Présagent d'un beau jour les rayons fortunés.
Fuis, hélas ! fuis au loin, mensongère espérance.
    Quels sont donc tes décrets, suprême intelligence ?
Toi qui règles le monde, ah ! comment souffres-tu
Que le crime, à tes yeux, immole la vertu ?
Vous dormez, malheureux, & l'iniquité veille !
La cloche du trépas bourdonne à votre oreille ;
Elle sonne ; écoutez.... l'entendez-vous ?... hélas !
Jusqu'au fond des cachots ce son ne perce pas ;
Et la sécurité qui s'assied sur l'abyme (6)
Dans un gouffre invisible engloutit sa victime.)
    Amis, je les ai vus, à leur moment fatal,
D'un air doux & serein monter au tribunal.
Le calme est sur leurs traits qu'ennoblit la décence ;
Avant qu'elle ait parlé, c'est déjà l'innocence.
Plus loin, j'ai vu Bourdon : par un contraste affreux,

J'ai vu de fa fureur étinceller les feux.
De fes rèfforts fecrets le barbare artifice
D'avance à fu dreffer l'infhument du fupplice ;
Il a dicté l'arrêt, aiguifé les couteaux,
Préparé les licteurs & payé les bourreaux.
Ses cris, fes mouvemens, fes geftes font des crimes ;
Il contemple, il mefure, il compte fes victimes,
Les harcèle, & profond dans l'art de fe venger,
Il veut les affoiblir. . . . pour les mieux égorger.
   L'inftant eft arrivé ; le jury fe retire :
D'une attente incertaine ô douloureux martyre !
La vague inquiétude & les fombres terreurs
Et la douce efpérance agitent tous les cœurs.
Il reparoît enfin : fa morne contenance
Pour la première fois fait pâlir l'innocence.
Le peuple écoute... il tremble... un long frémiffement
Semble épier du juge & le gefte & l'accent.
L'arrêt eft prononcé : *neuf victimes périffent.* (7)
Oh ! de quels cris perçans les voûtes retentiffent !
Eft-ce un horrible fonge ? eft-ce un preftige affreux ?
Le crêpe de la mort a voilé tous les yeux.
Les affaffins, alors peu formés au carnage,
Reculent d'épouvante en voyant leur ouvrage.
Une terreur fecrette a pénétré leur fein,
Et le front du malheur eft feul refté ferein.
   Des bourreaux cependant la horde forcenée
Sur fa proie expirante avec force acharnée,
L'entraîne & du trépas difpofe les apprêts.
   Parens infortunés, qu'une trompeufe paix
Loin de ces lieux d'horreur nourrit dans l'efpérance,
Quels foins, quels tendres foins occupent votre abfence ?
Vous étendez les bras vers des êtres chéris ;

L'époufe

L'épouse à son époux & la mère à son fils
Préparent en secret des plaisirs & des fêtes ; (8)
Des fêtes, des plaisirs !... Quand déjà sur leurs têtes
La mort plane & contre eux épuisant son courroux,
Semble, pour les frapper, multiplier ses coups.
O déchirante image ! ô souvenir funeste !...
Je me trouble.... Ah ! comment, comment peindre
    le reste ?
  Dans le char du trépas je les ai vus couchés,
Chargés de fers, les yeux à la terre attachés. ...
Pour comble d'attentats, sur leurs corps est jettée
Des lâches meurtriers la robe ensanglantée.
Bourdon, s'écrie un d'eux, en te laissant couvrir,
Tu peux m'assassiner, mais non pas m'avilir.
Tout-à-coup, d'une femme éplorée, éperdue, (9)
Les lamentables cris font retentir la nue.
C'est lui-même... c'est lui ; barbares, laissez-moi ;
Cher époux, je te suis & j'expire avec toi.
L'un de ces malheureux, d'une voix affoiblie :
Je péris innocent, dit-il, *O mon amie,*
Reçois mes derniers vœux & mon dernier soupir ;
D'un époux qui t'aima garde un long souvenir ;
On nous sépare.... Adieu. L'épouse infortunée
Par le char qu'elle embrasse elle-même est traînée :
On l'arrache expirante : on conduit au trépas
Ceux qu'un peuple entier plaint.... mais qu'il ne
    défend pas ;
Ils meurent... & le ciel qui voit trancher leur vie,
Recueille encor les vœux qu'ils font pour la patrie.

B

CHŒUR.

Ils ont péri fous les coups des méchans ;
Ils ont livré leur tète aux bourreaux fanguinaires,

Pleurons le $\begin{cases} \text{Deftin de nos frères,} \\ \text{Sort de nos enfans.} \end{cases}$

UN JEUNE-HOMME.

AIR.

Du fein de l'Elifée entendez mes accens,
Mânes facrés, je vous falue :
Que la douce haleine des vents,
A ma voix mollement emue,
Faffe à l'écho voifin répéter dans nos champs :
Mânes facrés, je vous falue.

Venez quelque fois parmi nous
Errer en paix, ombres chéries ;
De vos amis fixez fur vous
Les douloureufes rêveries ;
Ce fentiment amer & doux
Charme un peu nos ames flétries.

Du fein de l'Elifée entendez mes accens ;
Mânes facrés, je vous falue :
Que la douce haleine des vents
A ma voix mollement émue,
Faffe à l'écho voifin répéter dans nos champs :
Mânes facrés, je vous falue.

C H Œ U R.

Ils ont péri fous les coups des méchans ;
Ils ont livré leur tête aux bourreaux fanguinaires.

U N V I E I L L A R D.

Sous ces cyprès , chaque printems ,
Nous chanterons pour eux des hymnes funéraires.

C H Œ U R D E V I E I L L A R D S.

Pleurons le fort de nos enfans.

L E V I E I L L A R D.

Nous dirons leur hifloire à nos fils gémiffans.

C H Œ U R D E J E U N E S G E N S.

Pleurons le deftin de nos frères.

E R I S A N D R E *avec feu.*

Oui, nous le jurons tous : *ici, chaque printems ,*
Nous dirons leur hifloire à nos fils gémiffans.
Nos fils !... peut-être, hélas! maudiront-ils leurs pères ;
Ah! qu'ils verfent du moins quelques larmes amères
Sur l'homme honnête & bon qu'un deftin rigoureux
A jetté fur la terre en ces jours malheureux.
Nous n'avons pas tous bû dans la coupe des crimes ;
S'il fut des affaflins , il fut donc des victimes ,
Et le gouffre fatal n'a pas tout dévoré.
Voyez d'un rayon pur l'horifon coloré ;
Des nuages de fang les vapeurs s'éclairciffent ;

B 2

Le crime eſt terraſſé ; ſes foudres s'amortiſſent ;
Par un retour heureux, le ciel juſte & vengeur
A ſes pas égarés attache la terreur :
Il fuit, & cherche en vain la terre hoſpitalière
Qui doit le dérober à la nature entière ;
Par-tout le ſang français, à flots multipliés,
Rejaillit ſur ſa tête & ruiſſelle à ſes pieds.

Il s'approche du monument.

Ombres de nos amis, ſous ces tombeaux preſſées,
Appaiſez les accens de vos voix courroucées :
D'opprobres & de fers vos aſſaſſins chargés
Par un plus prompt trépas vous auroient moins vengés. (10)
Quels ſons plaintifs encore ont frappé mon oreille ?
VOS PARENS!.. calmez-vous; ſur eux l'amitié veille ;
Par ſes tendres égards, la douce humanité
Calme un peu de leurs maux l'ardente activité ;
Nos ſoins, de leur aſyle écartant l'indigence,
Du ſort qui les pourſuit tempèrent l'inclémence ;
Et ces êtres chéris qui vivent parmi nous
Sont un dépôt ſacré dont nous répondons tous.

ROMANCE

UNE FEMME.

Vous qu'à ces victimes touchantes
Uniſſoient des nœuds ſaints & doux ;
Senſibles fils, tendres amantes,
Nous ne vous rendrons point vos pères, vos époux :
Mais ſi la peine eſt moins amère
Quand on pleure avec un ami,

Venez, vous trouverez ici
Et la veuve, une sœur ; & l'orphelin, un frère.

C H Œ U R D E F E M M E S.

Ah ! si la peine, &c.

U N E N F A N T.

Près de cette source fleurie,
Nous gémirons sur vos malheurs ;
L'onde fuira dans la prairie,
Sans que son cours rapide emporte nos douleurs :
Mais si la peine est moins amère,
Quand on pleure avec un ami,
Venez ; vous trouverez ici
Et la veuve, une sœur ; & l'orphelin un frère.

C H Œ U R D ' E N F A N S.

Ah ! si la peine, &c.

(U N V I E I L L A R D.

Loin de troubler vos justes plaintes,
Nous respecterons vos tourmens ;
Ce ne sont point là des atteintes
Que puisse soulager la main lente du tems :
Mais si la peine est moins amère
Quand on pleure avec un ami ;
Venez, vous trouverez ici
Et la veuve, une sœur ; & l'orphelin, un frère.

C H Œ U R   D E   V I E I L L A R D S.

Ah ! si la peine, &c.

U N   J E U N E - H O M M E.

Quand du soir les ombres légères
Nous surprendront près du tombeau,
Montrant l'inscription.

Pour lire encor ces caractères,
Phébé nous prêtera son lugubre flambeau :
Mais si la peine est moins amère
Quand on pleure avec un ami ;
Venez ; vous trouverez ici
Et la veuve, une sœur ; & l'orphelin un frère.

C H Œ U R   D E   J E U N E S - G E N S.

Ah ! si la peine, &c.)

U N   V I E I L L A R D.

Loin des champs la nuit nous rappelle,
Quittons ces lieux, séparons-nous :
à Erisandre.

Tendres parens, ami fidèle,
Nous reviendrons souvent y gémir comme vous :
Mais si la peine est moins amère
Qand on pleure avec un ami ;
Venez y retrouver aussi
Et la veuve, une sœur ; & l'orphelin, un frère.

C H Œ U R   G É N É R A L.

Ah ! si la peine eſt moins amère
Quand on pleure avec un ami,
Venez y retrouver auſſi
Et la veuve, une ſœur ; & l'orphelin, un frère.

Le chœur ſe retire lentement & avec un reſpeƈt religieux.

F I N.

NOTES HISTORIQUES.

(1) *Bourdon, pour le détruire, inſtruiſit ſes bourreaux.*

Léonard - Bourdon parut d'abord à Orléans, à la tête d'une force Pariſienne, ou plutôt d'une troupe de bandits & d'aſſaſſins qui avoient uſurpé ce nom, & qui vinrent chercher les malheureux priſonniers d'état pour les conduire a Verſailles où ils les maſſacrèrent. Cet exploit révolutionnaire lui mérita la confiance & l'amitié des terroriſtes d'Orléans qui, à force de cabales & d'intrigues, le portèrent à la Convention nationale. Ce fût au commencement du mois de mars 1793, qu'envoyé dans le *Jura* comme repréſentant du peuple, il ſe détourna de ſa route pour venir prêcher à Orléans le pillage, le meurtre & la déſorganiſation. Le 16, à la ſuite d'une orgie ſcandaleuſe, il ſe rendit à la ſociété populaire où, par ſes affreux diſcours, il acheva de dépraver la morale publique & d'allumer la colère du peuple contre les perſonnes & les propriétés. A dix heures du ſoir, comme il traverſoit la place de l'Etape pour ſe rendre à ſa voiture (car il étoit au moment de ſon départ,) une rixe engagée avec la garde par un des hommes de ſa ſuite eût pour réſultat la cataſtrophe cruelle qui fait l'objet de ces chants, & tous les malheurs dans leſquels la ville d'Orléans fut plongée pendant dix-huit mois. La Convention nationale a fait enfin juſtice de tant d'atrocités en envoyant Léonard - Bourdon au château de *Ham*, avec les *Duhem*, les *Amar* & autres ſcélérats de cette trempe. Mais ce n'eſt pas aſſez pour la vengeance & la tranquillité publiques : il faut que ces monſtres ſoient promptement livrés aux tribunaux pour y être jugés ſur leurs forfaits. C'eſt principalement afin d'accélérer cette miſe en jugement que ces chants funèbres avoient dans le principe été compoſés, il y a près de quatre mois. Pluſieurs perſonnes qui les ont vus alors, & notamment un ancien Procureur-général-Syndic du département du Loiret, dont les talens ſont regrettés tous les jours, ſavent que l'intention de l'auteur étoit de les faire exécuter au théâtre avant la révolution du

12 germinal, c'eſt-à-dire, lorſque Léonard-Bourdon étoit encore puiſſant & redouté. Mais diverſes circonſtances n'ont pas permis à M. **T A L M A**, dont le talent ſublime eſt adnıré de toute la France & qui s'étoit bien voulu charger du rôle d'*Eriſandre*, d'arriver à Orléans avant le 29 prairial dernier, jour auquel a eu lieu la première repréſentation de cet ouvrage.

(2) *Il ſort & ſur ſes pas ſes agens forcenés.*

On ne préjuge point ici la moralité de tous ceux indiſtinctement qui pouvoient compoſer alors l'eſcorte de Léonard-Bourdon : il eſt quelquefois des circonſtances malheureuſes qui forcent l'homme de bien à ſe trouver dans des lieux où il eſt déplacé. Il ſuffit de ſavoir que ce raſſemblement étoit formé en preſque totalité, de ſcélérats voués aujourd'hui au mépris & à l'exécration publics.

(3) *D'un exil de deux ans vont dévorer les maux.*

Indépendamment de MM. *Caqueray*, *Daudier*, *Buſſiere*, *Girard*, *Foucher-Monceau*, *Houry*, *Jourdan fils*, *Marmet*, *Perret*, *Vallon*, *Vignolet*, *Colas-Malmuſſe* & *Sonnier le jeune*, compris, comme contumaces, dans l'acte d'accuſation de *Fouquier-Tinville*, beaucoup d'autres citoyens ont été obligés de prendre la fuite pour ſe ſouſtraire à la perſécution ſuſcitée contre eux par ſuite de cette malheureuſe affaire.

On peut citer particulièrement parmi eux, à cauſe de l'extrême ſingularité de ſes aventures, M. *Grivot* aîné, raffineur : après avoir erré long-tems de ville en ville, cet intéreſſant jeune-homme, que la nature a doué d'une adreſſe inconcevable pour tous les arts méchaniques, alla ſe fixer à Bergerac, chez un négociant, en qualité de tonnelier. Quelques camarades de chambrée, mécontens de l'extrême réſerve que quelquefois il obſervoit involontairement avec eux, imaginèrent que ce pouvoit être un émigré. Ils le dénoncèrent comme tel : il y eût ordre de l'arrêter. Heureuſement pour lui, un garçon maréchal avec lequel il s'étoit lié de préférence, s'en apperçut à tems. Il falloit que la garde

traverſat la Dordogne pour arriver juſqu'au jeune Orléanais.
Le ſenſible maréchal la dévance précipitamment, ſe jette à
corps perdu dans la barque, entraîne le matelot par l'appât
d'un ſalaire avantageux & à force de ramer parvient à la rive
oppoſée. Il court chez ſon ami, le prévient du coup qui le
menace, l'emmène avec lui dans les campagnes voiſines,
guide ſes pas juſqu'à pluſieurs lieues de Bergerac, le quitte
en l'embraſſant, refuſe la plus légère récompenſe & s'enfuit.

Le jeune proſcrit dirigea ſa fuite vers Bordeaux, & comme
il ne trouva plus d'ouvrage dans la profeſſion qu'il avoit
choiſie, il prit celle de cordonnier pour laquelle il ſe ſentoit
depuis long-tems un penchant ſecret. Sous le nom de *Pariſien*,
il ſe fit recevoir chez un maître comme un ouvrier qui depuis
bien des années, avoit oublié par des travaux d'un autre
genre ſes premières leçons d'apprentiſſage. En moins de huit
jours, il ſut très-bien tailler & coudre un ſoulier. Ses talens
ſe perfectionnèrent bientôt au point qu'il attira toute la
jeuneſſe *muſcadine* de Bordeaux. *Pariſien* étoit l'ouvrier à la
mode, il étoit du bon ton d'être chauſſé des mains de *Pariſien*.

Bordeaux alors ne s'étoit point encore laiſſée entraîner
au tourbillon révolutionnaire. La longue barbe & les mouſ-
taches du fugitif qui croyoit par - là ſe déguiſer mieux,
quelques tournures de phraſes ſoignées qui lui échappoient
de tems en tems malgré lui, ſon extrème avidité pour
acheter tous les journaux, tout cela réuni le rendit bientôt
ſuſpect : on le prit pour un *Maratiſte* déguiſé qui venoit, de
la part des Jacobins de Paris, eſpionner l'eſprit public de
Bordeaux. On l'arrêta : conduit le lendemain devant les
officiers municipaux, il ne fit qu'ajouter par ſon embarras
involontaire à la force des ſoupçons dirigés contre lui :
preſſé enfin de s'expliquer d'une manière poſitive, impatient
de démentir publiquement des apparences auſſi odieuſes
que révoltantes, ſûr d'ailleurs de la probité des magiſtrats
qui l'interrogeoient, il ne balança plus à leur faire connoître
ſes malheurs & ſon nom. Il ſe réclama de pluſieurs négo-
cians connus qui vinrent ſe jetter dans ſes bras. Ses fers furent
briſés en triomphe ; car ſa proſcription lui donnoit des titres

facrés à l'amitié des Bordelais, & *Parifien* dès ce moment
revêtit le coftume des muscadins qu'il avoit chauffés la veille.

Cependant l'honnête cordonnier chez lequel il travailloit,
attendoit impatiemment à la maison commune le résultat
de son interrogatoire. Quand les officiers municipaux, fai-
sant allusion à sa métamorphose, lui annoncèrent que *Parifien*
ne feroit plus de souliers pour lui, M. Jobert (c'est son nom
qui mérite d'être conservé) le crut perdu sans reflource ; il
tomba sans connoiffance sur le carreau, tandis que son plus
jeune fils à qui *Parifien* montroit à lire & qui avoit paffé la
nuit à la porte de sa prison, rempliffoit l'air de cris perçans.

(4) *Dirai-je vos tourmens , magiftrats populaires.*

La municipalité d'Orléans qui delibéroit paifiblement dans
l'intérieur de la maison commune, pendant que l'affaire de
Léonard-Bourdon se paffoit loin de ses yeux, fut néanmoins
traduite à la barre de la Convention nationale, & peu s'en
fallut que le décret d'accusation ne fut lancé contre elle.
On sait qu'elle étoit compofée de citoyens auffi diftingués
par leurs talens que par leurs vertus civiques & voilà préci-
fément quel fut son crime impardonnable aux yeux des
agitateurs. Qui peut avoir vu sans frémir un de ces facticux,
nommé pour remplir les fonctions de Procureur-provifoire
de la commune, souffrir froidement qu'on apportât sous ses
yeux un immense amas de chaînes & qu'on en chargeat arbi-
trairement ces magiftrats infortunés ? Déjà deux d'entre eux
avoient cédé sans réfiftance à la volonté de leurs tyrans :
le troifième , M. *Lemarcis*, ne put fupporter un tel dégré
de barbarie : il ouvrit, pour lutter contre l'oppreffion, cette
bouche éloquente qui tant de fois avoit plaidé la cause facrée
du peuple : il invoqua vigoureufement la juftice & les lois,
& pour cette fois l'afcendant de la vertu triompha des lâches
efforts du crime. Cet avantage fut court & la plupart des
officiers municipaux furent obligés bientôt de chercher dans
la fuite un refuge contre les proscriptions qui les attendoient
à leur retour de Paris.

(5) *O généreux Dufriche , il en eſt tems , accours.*

Dufriche-des-Madeleines, frère de l'infortuné *Dufriche-Valazé,*
l'un des 22 repréſentans aſſaſſinés dans l'affaire de la Gironde,
s'épuiſa long-tems en efforts ſuperflus pour ſauver les accuſés
d'Orléans. Quand il vit que leur arrêt de mort étoit prononcé
dans le cabinet de *Fouquier-Tinville,* pour s'épargner la honte
& la douleur de le répéter en public, il donna ſa démiſſion
de la place de Préſident du tribunal révolutionnaire : ainſi
ce fut pour les bourreaux un double triomphe , de faire
périr l'innocence & d'être en même-tems débarraſſés d'un
ſurveillant auſtère & incommode.

(6) *Et la ſécurité qui s'aſſied ſur l'abyme.*

Cette ſécurité fut telle qu'environ quinze jours avant l'inſ-
truction du procès, l'infortuné Taſſin-Moncourt & quelques-
uns de ſes co-accuſés obtinrent la permiſſion d'aller paſſer
quelques jours à Orléans ſous une ſimple caution pécuniaire,
pour régler leurs affaires & rétablir leur ſanté. Aucun d'eux
ne conçut ſeulement la penſée de fuir , & le délai expiré,
ils allèrent tranquillement ſe placer d'eux mêmes , ſans le
ſoupçonner, ſous le couteau des aſſaſſins. Que de grandeur
d'ame & de douceur d'un côté! Que de baſſeſſe & de barbarie
de l'autre! Au ſurplus en y réfléchiſſant avec attention , cette
extrême facilité du tribunal révolutionnaire à ſe deſſaiſir ainſi
de pluſieurs accuſés , comparée avec le dénouement tragique
du procès , porte à croire que cette ſanglante cataſtrophe
n'avoit point été méditée d'avance , & qu'une circonſtance
imprévue a pu ſeule la déterminer tout-à-coup ; ce qui vient
à l'appui des faits énoncés dans la note qui ſuit.

(7) *L'arrêt eſt prononcé : neuf victimes périſſent.*

Il eſt plus que probable, d'après les diſpoſitions manifeſtées
par les jurés pendant le cours de la procédure , que les treize
accuſés d'Orléans euſſent été ſauvés , ſinon en totalité du
moins à l'exception d'un ou deux ſeulement , ſans un inci-
dent fatal qui détermina le gouvernement d'alors à multiplier les victimes. On aſſure que le matin même du jour où

le jugement devoit fe prononcer, le comité de falut public reçut la nouvelle de l'infurrection de la ville de Lyon & d'une partie du Midi. Alors *Hérault-de-Séchelles*, fidéle aux principes d'un perfide machiavelifme qu'il a déployés fi complettement dans fa *lettre à Carrier*, déclara qu'il falloit en impofer par un grand exemple aux communes populeufes qui tenteroient de fe révolter contre la répréfentation nationale, & il demanda, dans l'affaire d'Orléans, le facrifice de neuf têtes. Son avis, long-tems combattu, prévalut enfin. La lifte fatale fut formée : un feul manquoit pour la completter : on parut balancer entre *Gombault* & *Tassin-Montcourt* ; mais le premier étoit fans fortune, & le fecond, tri-millionnaire... le choix ne fut pas long. Cet atroce jugement a été rendu le vendredi 12 Juillet 1793, à quatre heures du foir.

(8) *Préparent en fecret des plaifirs & des fêtes.*

Le jour même où le malheureux Philippes – Nonneville monta fur l'échaffaud, une fête fuperbe, préparée par un riche négociant de fes parens, l'attendoit à la campagne. Une fête !... un échaffaud !... quelle fource intariffable de réflexions philofophiques !

(9) *Tout-à-coup d'une femme éplorée, éperdue.*

Cette fcène déchirante n'eft point un fruit de l'imagination ; elle a réellement eu la cour de la Conciergerie pour théâtre, & une foule immenfe de peuple pour fpectateurs. L'époufe intéreffante dont il eft parlé traîne encore à Orléans, dans le deuil & la retraite, les reftes d'une exiftence flétrie. Son nom, que le refpect défend de placer ici, mais que nul être fenfible ne peut prononcer fans le plus vif attendriffement, doit retracer à jamais le fouvenir du dévouement conjugal & d'une foule de vertus perdues, pour ainfi dire, de nos jours. Il doit confondre fur-tout la fauffe fenfibilité de ceux dont les oreilles redoutent d'être frappées trop fortement par des chants funèbres, car ceux-ci n'ont été faits en partie qu'à l'inftigation de cette veuve infortunée.

Elle n'eft pas la feule, au furplus, parmi les parens des neuf victimes, qui ait honoré leur mémoire par une douleur auſſi vive que conſtante , & ſi les ombres ſont appaiſées par des pleurs , celles de ces malheureux ont lieu d'être ſatisfaites.

(10) *Par un plus prompt trépas vous auroient moins vengés.*

De tous ces miſérables, il en eſt peu qui ſe ſoient ſouſtraits au juſte châtiment de leurs crimes. Les uns ſont en fuite, les autres entaſſés dans les priſons où, s'ils ſont ſuſceptibles de remords, ils doivent avoir bien des ſouvenirs affreux à méditer. Quelques-uns de ces derniers viennent d'être traduits au tribunal criminel du Département du Loiret, pour vols & dilapidations.

Le provocateur de la rixe de Léonard-Bourdon, nommé *Beſſerve*, celui qui, dans cette malheureuſe affaire, lâcha le premier coup de piſtolet, pourſuivi ſans doute par les furies vengereſſes, vient de ſe faire juſtice de ſes propres mains : il s'eſt empoiſonné & poignardé tout-à-la fois dans la priſon d'Angers où il etoit renfermé : ainſi ſon ame exécrable s'eſt exhalée dans des tourmens dont l'humanité gémit, mais qui juſtifient la providence.